日本氢能产业发展报告

（2024）

邓 晨　王杭州　位召祥　编

石油工业出版社

图书在版编目（CIP）数据

日本氢能产业发展报告. 2024 / 邓晨，王杭州，位召祥编. 北京：石油工业出版社，2025.5. -- ISBN 978-7-5183-7578-3

Ⅰ. F431.362

中国国家版本馆CIP数据核字第20256V0E87号

责任编辑：常泽军　吴英敏　张　贺
责任校对：刘晓婷
封面设计：汤　静

出版发行：石油工业出版社
　　　　　（北京市朝阳区安华里二区 1 号楼　100011）
网　　址：www.petropub.com
编 辑 部：(010) 64523825　图书营销中心：(010) 64523633
经　　销：全国新华书店
印　　刷：北京九州迅驰传媒文化有限公司

2025年5月第1版　2025年5月第1次印刷
787×1092毫米　开本：1/16　印张：2.25
字数：21千字

定　价：50.00元
（如发现印装质量问题，我社图书营销中心负责调换）
版权所有，翻印必究

前　言

2024 年，全球能源格局在多重因素交织下持续演变，氢能产业作为能源绿色低碳转型的关键力量，正处于发展的十字路口。一方面，各国对清洁能源的追求以及应对气候变化的紧迫需求，为氢能产业带来前所未有的发展机遇。氢能在工业、交通、储能等多领域的应用潜力备受瞩目，技术研发与试点项目在全球范围内广泛开展，资本也纷纷涌入，试图抢占这一新兴产业的高地。另一方面，氢能产业的发展之路布满荆棘。制氢、储氢、运氢和用氢等环节仍面临诸多技术瓶颈，产业链上下游尚未形成有效协同，制氢企业、装备制造企业、应用企业之间的衔接不够紧密，导致产业规模效应难以显现，成本居高不下。此外，氢能产业的标准规范和政策法规尚不完善，市场准入、安全监管、质量检测等方面存在诸多空白与模糊地带，使得企业在投资决策与业务拓展时面临较大的不确定性。

日本作为全球氢能技术的引领者之一，在政策支持、供应链布局和国际合作方面积累了丰富经验。为应对日益增长的氢能需求，日本政府通过政策引导加速完善氢能供应链，并积极推动企业拓展国际市场，探索海外氢气制备与运输方案。

本报告旨在追踪日本氢能产业的最新发展动态及企业布局，对比中日两国在氢能领域的异同，总结经验教训，为我国氢能产业的发展提供建议。通过深入分析日本在技术研发、政策支持、国际合作等方面的实践经验，结合中国氢能产业的现状与潜力，本报告将为推动我国氢能产业的高质量发展提供参考与借鉴。

本报告由邓晨进行全文框架梳理和撰写，位召祥进行完善，王杭州进行统筹修订、审核及审定。感谢中国石油日本新材料研究院和中国石油天然气集团有限公司国际部对本次调研的支持。感谢香橙会研究院、势银（TrendBank）、高工氢电产业研究院等机构在本报告撰写过程中协助提供数据信息。

受调研周期与编者水平的限制，本报告中可能存在疏漏或不足，恳请各位专家和读者批评指正，您的建议将帮助我们持续改进和完善内容。

目　录

一、日本氢能产业发展现状 ··· 1

（一）日本氢制取：以天然气重整为主，绿氢产业化成为重点突破方向 ··· 1

（二）日本氢储运：聚焦液氢与有机液态储氢，氢气供应主要依赖海外 ··· 4

（三）日本氢应用：交通推进节奏放缓，家用燃料电池系统应用成效显著 ··· 7

二、中日氢能产业对标分析 ··· 13

（一）政策体系对比：日本主推清洁能源应用，中国聚焦能源安全保障 ··· 13

（二）市场规模对比：日本绿氢规模化供应遇瓶颈，中国绿氢产能扩张优势明显 ··· 18

（三）国际合作对比：日本着力技术标准海外输出，中国侧重产业生态链完整构建 ··· 20

（四）技术发展对比：日本先发优势受空间制约，中国规模红利待技术突破 ………………………………………… 21

三、主要认识和启示 …………………………………… 24

（一）应用场景拓展：多维度推动氢能战略迭代升级 ……… 24

（二）产学研协同：构建创新联合体突破关键技术瓶颈 …… 25

（三）顶层设计优化：强化引导产业高质量发展路径 ……… 26

（四）能源体系协同：推进氢能与油气系统融合构建新型体系 ………………………………………… 27

一、日本氢能产业发展现状[1]

日本作为氢能领域技术先锋，在氢能技术研发、氢燃料电池汽车制造及加氢站建设等方面处于全球领先地位。面对日益增长的氢能需求，日本政府正加速完善氢能供应链，尤其在氢气储运领域进行了大量布局。近年来，日本不仅将氢能技术应用于乘用车领域，还拓展至分布式发电系统，并计划在未来推广至商用车、叉车和船舶等领域。鉴于日本国内自然资源有限，日本企业正积极利用先进技术走向国际市场，探索在澳大利亚、东南亚及中东等地区的氢气制备与运输方案，以满足日本国内未来对氢能的需求。

（一）日本氢制取：以天然气重整为主，绿氢产业化成为重点突破方向

目前，日本工业自消纳氢气的来源主要为石油加工副产氢，而用于外销的氢气则主要通过天然气重整制氢技术生产，具体包括水蒸气重整制氢和部分氧化重整制氢两种方法。其中，水蒸气重整制氢法因技术成熟、成本较低，占据市场主导地位，占比超过70%。大阪燃气公司开发的天然气重整制氢设备HYSERVE 300最大制氢能力达300米^3/时，凭借其高效稳定的性能，该设备广泛应用于加氢站制氢。部分氧化

---

[1] 本部分数据主要来源于日本经济产业省、H2Stations、Japan H$_2$ Mobility、氢能促进会、日本自动车贩卖协会联合会、日本天然气协会、行业统计等。

重整制氢法由于在原料成本控制和环境影响方面相较于其他制氢方法有一定的优势，其市场占比也在逐年提升。日本电解水制氢规模相对较小，截至2024年底，全国投放的电解水制氢总装机容量不足300兆瓦，以碱性电解水制氢技术为主。其中，东芝、旭化成、岩谷产业等公司于2020年在福岛县浪江町氢能研究基地打造的FH2R电解水项目单体制氢规模最大，达10兆瓦。该项目的电解槽功率动态响应速率可达0.5兆瓦/秒（相当于最大功率的5%每秒），制氢能效约为5千瓦·时/米³氢气，氢气纯度达99.97%以上，总投资经费约200亿日元❶。近年来，日本政府也积极支持固体氧化物电解水（SOEC）制氢项目。2024年4月，三菱重工在日本兵库县的高砂氢气园区开始运行SOEC测试模块，该测试模块容量为400千瓦，电解效率为3.5千瓦·时/米³氢气。三菱重工计划在未来几年安装兆瓦级SOEC系统示范设施，加速SOEC制氢系统的商业化进程。随着可再生能源发电成本的不断降低，电解水制绿氢有望与天然气制蓝氢的成本持平，因此日本企业纷纷规划提高电解水制氢产能。旭化成计划在2025年将碱性电解水制氢设备的年产能提升至2吉瓦❷，并于2028年投入运营；丰田的目标是在2030年左右将电解水制氢业务规模扩大至3吉瓦；日本政府也设定了到2030年将电解水制氢规模提高至15吉瓦的目标。此外，日本政府在光

---

❶ 汇率：100日元≈5.1元人民币，具体以当日汇率为准。
❷ 以单台碱性电解槽的标准工况（单位产氢能耗约5千瓦·时/米³）计算，1吉瓦电解水制氢产能相当于配置约200台产氢量为1000米³/时的电解槽。

一、日本氢能产业发展现状

解水制氢领域同样给予支持。2021年,东京大学等研究团队在100平方米规模的大面积实验中,成功利用光催化技术分解水生产高纯度氢气,为未来低成本大规模制氢提供了可能性。随着转换效率的提升及材料成本的降低,光解水制氢预计在2030年开展实证并逐步推广进入制氢市场。

2019—2023年,受新冠疫情影响,日本氢气产量因工业生产受阻及能源需求下降而呈现波动下滑趋势。具体来看,2019年总供给量5.6万吨,2020年减少至5.2万吨,2021年回升至5.8万吨,2022年下滑至5.5万吨,2023年进一步降至4.6万吨;各年销售量依次为2.0万吨、2.0万吨、2.2万吨、2.2万吨和1.7万吨;工业自消纳量依次为3.6万吨、3.2万吨、3.6万吨、3.3万吨和2.9万吨(图1)。2024年,日本

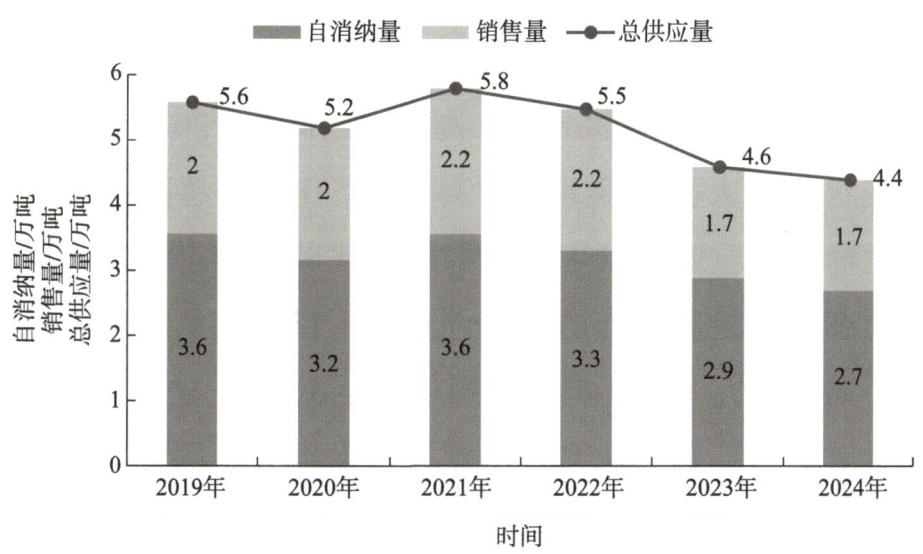

图1 2019—2024年日本国内氢气生产和消纳情况

数据来源:日本经济产业省

氢气总供给量持续下降至 4.4 万吨，其中销售量为 1.7 万吨，工业自消纳量为 2.7 万吨。总体而言，日本氢气市场在新冠疫情后仍处于调整阶段，供需两端均受到一定影响。然而，随着经济的逐步复苏及能源转型的持续推进，日本的氢能产业将有望逐步恢复并在未来实现增长。

（二）日本氢储运：聚焦液氢与有机液态储氢，氢气供应主要依赖海外

目前，日本国内成熟的运氢方式主要包括高压气态运输和液氢运输。高压气态运输分为工业钢瓶运输和长管拖车运输，主要由岩谷产业、引能仕（ENEOS）等企业运营。工业钢瓶运输的压力规格多为 14.7～20.0 兆帕，容积 7.0～17.7 立方米，适用于小规模短途运输；长管拖车运输的压力则在 20～45 兆帕之间，单次填充量可达 1100～3100 立方米，主要用于加氢站的供应。此外，日本还开发了超高压储氢（70 兆帕）技术，用于实现高密度、高稳定性储氢。2024 年 1 月，日本建筑公司大林组实现了全球首次 70 兆帕超高压氢气全链条运输实证。通过自主开发的第四代碳纤维全缠绕储罐与智能动态压力控制系统的协同创新，不仅将储氢密度提升至 6.5%（质量分数），还将充装损耗降至 1.5%，攻克了超高压环境下氢脆防控和快速充装热管理两大世界难题。该技术计划于 2025 年实现量产，并应用于适配重卡的 70 兆帕车载系统，预计可使氢燃料电池重卡储氢模块成本降低 40%。这将直接加速氢燃料电池重卡的商业化进程，标志着日本从运输

工具创新者向储运标准制定者的转变，也为全球氢能产业的发展提供了新的可能性。

日本液氢技术在全球也处于领先地位，其中岩谷产业和川崎重工作为代表企业，拥有完善的产品体系，共同推动了日本液氢技术的快速发展。岩谷产业液氢技术成熟度高，液氢纯度达 99.9999%，其液氢产品在日本市场的占有率约 68%，该企业的优势在于液氢的终端配送及民用领域应用。目前，岩谷产业可提供 400 升、2000 升、24000 升、47000 升等多种规格的陆上液氢储罐，同时还积极探索超大型储存方案，为未来更大规模的液氢储存布局。川崎重工是全球液氢运输技术的先驱，专注于液氢运输和储存技术的大规模商业化应用，其成功研发了日本首套氢气液化系统，并计划开发全球最大规模的氢气液化机，目标是将日液化量提升至 50 吨级，以降低液氢生产成本。2021 年 12 月，川崎重工的 Suiso Frontier 液氢运输船搭载 1250 立方米真空绝缘双壳椭圆形液氢储罐从日本神户启航，2022 年 1 月抵达澳大利亚装载液氢，并于 2 月成功返航，此次航行标志着液氢长距离运输技术取得工程化重大突破。当前，川崎重工还在开发 16 万立方米的大型液氢运输船，计划于 2030 年实现商业化运营，进一步推动全球氢能供应链的建设。

日本也在探索其他氢储运方式，如城市管道输氢、有机液态储氢、固体合金储氢等。为了实现更加大量、高效、稳定的氢气运输，日本政府及相关企业正在积极探索管道输氢的方案，一旦实现规模化应用，将大幅降低氢气的运输成本。日本新能源产业技术综合开发机构规划，2030年拟在氢气进口港等周边工业园区半径10千米敷设管道，2040年延长至50千米并设置补给中心，2050年再延长50千米。东京天然气集团自2024年3月起开始气态管道输氢的商用化应用。除此之外，日本在山口县周南市、福冈县九州市等地也进行了气态管道输氢的实证，而液氢的管道输送仅在部分工厂内部进行。

近年来，日本在有机液态储氢技术领域取得显著进展，已经开始探索商业化应用。千代田公司在该领域表现突出，已完成小型甲基环己烷（MCH）脱氢及纯化装置的研发与应用。该技术的核心在于利用甲苯与氢气在特定催化剂作用下反应生成MCH，在此过程中，氢气通过嵌入MCH分子结构中实现高效储存。然后，MCH被运输至需求终端，在当地通过脱氢反应释放氢气并投入使用，完成脱氢后的甲苯可循环使用。ENEOS在MCH储氢技术方面也表现活跃，于2021年极具前瞻性地制订了两项重要计划——MCH供应链大规模应用和直接电解合成MCH（Direct MCH®），旨在推动MCH作为氢能载体的商业化应用。其中，Direct MCH®技术采用一步法将甲苯和水直接电解还原为MCH，大幅简化了氢气制取与储存的工艺流程。2022年，ENEOS开发了150千瓦（电极面积3平方米）级中型电解槽用于MCH生产，并在澳大利亚完成示范，合成的MCH从布里斯班输往日本，经过脱氢反应后，释放的氢气被输送至加氢站，用于氢燃料电池巴士加注，从而实现了MCH储氢应用的全流程闭环。因日本国内自然资源有限，日本企业正积极推动该技术走向国际市场，ENEOS计划2025年在海外投资建成2兆瓦的示范工程，进一步加速MCH的规模化生产。

相比于有机液态储氢，日本的固态合金储氢技术尚处于研发实证阶段，主要集中在镁基和钛基储氢材料的量产与应用。镁基储氢材料的储氢密度显著高于传统气态和液态储氢技术，在常温低压条件下，理论上每立方米可储存氢气110千克，远高于液态储氢的70千克。2023年，日本德山公司与BioCoke Giken公司合作，开始批量生产氢化镁，年产量为30吨。钛基材料具有良好的吸氢性能和稳定性，在数千次吸放氢后，效率仅下降5%～10%。日本主要通过元素掺杂和微观结构调控改善钛基材料的储氢性能。例如，丰田与HySTRA合作开发的钛钒铬合金，在结合人工智能（AI）模型优化后，成功将脱氢温度降至85℃以下，未来计划将其应用于车载场景以替代高压气瓶。预计到2030年，全球金属基储氢材料市场产值将达到4.81亿美元❶，日本凭借其技术优势，将在固态储氢市场中占据重要地位。

（三）日本氢应用：交通推进节奏放缓，家用燃料电池系统应用成效显著

日本加氢站建设在经历快速发展之后，受新冠疫情和终

---

❶ 汇率：1美元≈7.2元人民币，1美元≈143.5日元，具体以当日汇率为准。

端氢燃料电池汽车推广进度的影响，建设速度有所放缓。2019年日本国内运营的加氢站共有114座，2020年增加至142座，2021年达到159座，2022年为165座，2023年为166座（图2）。截至2024年底，日本国内运营的加氢站数量降至161座。部分加氢站因为设备老化、使用故障或零部件采购困难而被迫关闭，包括熊本县政府东门的加氢站、丰桥花田加氢站、滨松加氢站等。日本的加氢站大多采用站内制氢方式，主要通过天然气重整制氢，加氢机加注压力等级可达82兆帕。日本各运营企业的加氢站氢气价格存在差异。近年来，受全球通货膨胀影响，运营成本和维护费用上升，导致氢气售价整体提高。例如，ENEOS自2024年4月1日起，将氢气价格从1650日元/千克上调至2200日元/千克，

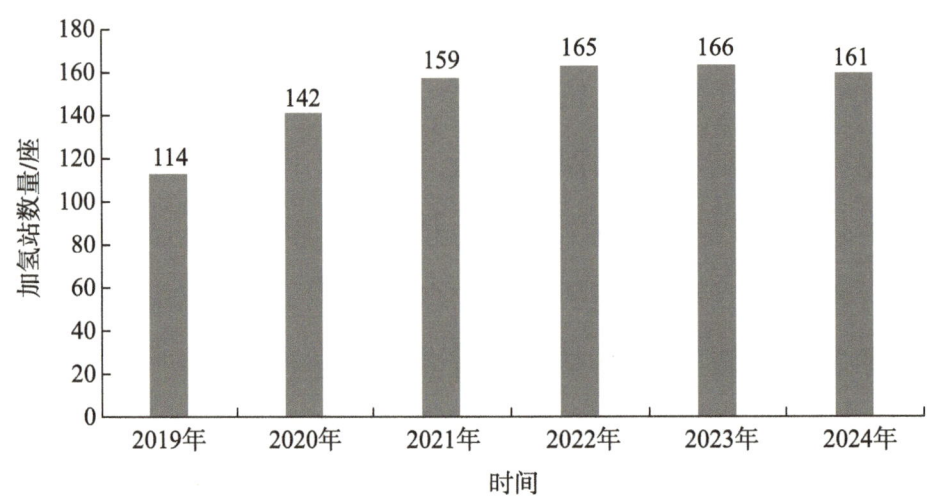

图2 2019—2024年日本国内加氢站运营数量

数据来源：H2Stations, Japan H$_2$ Mobility

涨幅达 33%。此次价格调整，在一定程度上增加了氢燃料电池汽车的使用成本，对其推广和应用产生了负面影响。

由于加氢站建设缓慢且运营时间较短，氢气加注在便利性、成本上不如汽油，导致氢燃料电池汽车推广在 2021 年达到顶峰之后逐渐减少。2020 年 12 月 9 日，丰田发布第二代氢燃料电池系统并应用于 Mirai 等车型。通过优化储氢瓶布局，将储氢罐数量从第一代的 2 个增加至 3 个，储氢量从 4.6 千克提升至 5.6 千克，Mirai 的续航里程从 650 千米提升至 850 千米，补贴后起售价约合人民币 35 万元/辆。新系统推出后，2021 年丰田氢燃料电池汽车销量显著增长，达到 2438 辆（图 3）。然而，2022 年和 2023 年，丰田氢燃料电池汽车销量分别降至 831 辆和 420 辆，主要原因在于加氢站数量不足、供应链短缺及汽车补贴政策调整。截至 2024 年底，丰田氢燃料电池汽车销量为 662 辆，显示出市场对其仍有一定需求。2025 年 2 月 19 日，丰田发布了第三代氢燃料电池系统，通过材料革新与工艺升级使制造成本显著下降。第三代氢燃料电池系统续航里程比第二代提升 20%，耐用性是第二代的两倍，可与柴油发动机的耐用性相媲美，不仅适用于乘用车，还可应用于商用车、船只、火车及固定发电机等多种设备，展现出更广阔的应用前景。为应对乘用车市场的局限性，日本政府计划未来重点推广长途氢燃料电池卡车的应用。相较于乘用车，卡车行驶路线固定，使加氢网络建设更为容易，加氢站布局也更具针对性。2024 年 12 月

10日，日本经济产业省宣布向本田和丰田分别提供147亿日元和112亿日元的巨额补助金，以增强两家公司在氢燃料电池领域的生产能力，特别是针对卡车等商用车的应用。此外，日本政府还将同步推进大型加氢站的开发与建设，以配合氢燃料电池卡车的市场投放，并计划通过补贴政策加速氢能技术的商业化进程。

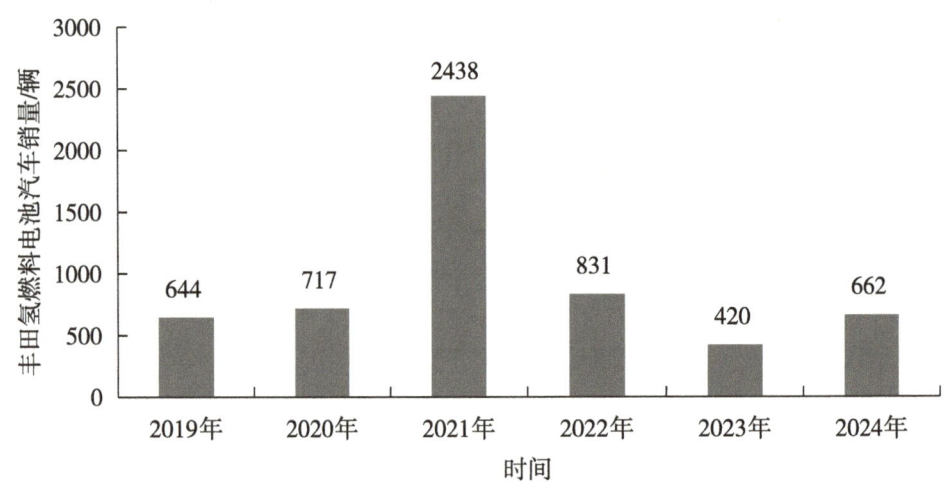

图3 2019—2024年日本丰田氢燃料电池汽车销量

数据来源：日本自动车贩卖协会联合会、金联创氢能数据库

相比之下，日本固定式家用氢燃料电池热电联供系统（ENE-FARM）推广速度持续增长。2009年，日本首台ENE-FARM开售，其氢气来源为天然气重整制氢。早期，主要采用松下、东京燃气开发的质子交换膜燃料电池（PEMFC）技术；随着成本降低，大阪燃气、京瓷、丰田等开发的固体

氧化物燃料电池（SOFC）市场占比逐步提升至40%。2020—2024年，日本ENE-FARM的总销量突破20万台（图4），这一增长主要原因在于ENE-FARM在自然灾害引发的停电场景中，通过热电联供系统既能提供稳定电力，又能实现家庭供热，充分满足日本用户对供电安全性和能源独立性的双重需求。ENE-FARM进入市场初期成本约为300万日元，为实现商业化，日本政府提供140万日元或制造成本一半的补贴。随着ENE-FARM成本降低到100万日元以内，当前政府补贴3万~15万日元。用户预计5年内可收回设备成本，这为ENE-FARM发展提供了巨大市场空间。

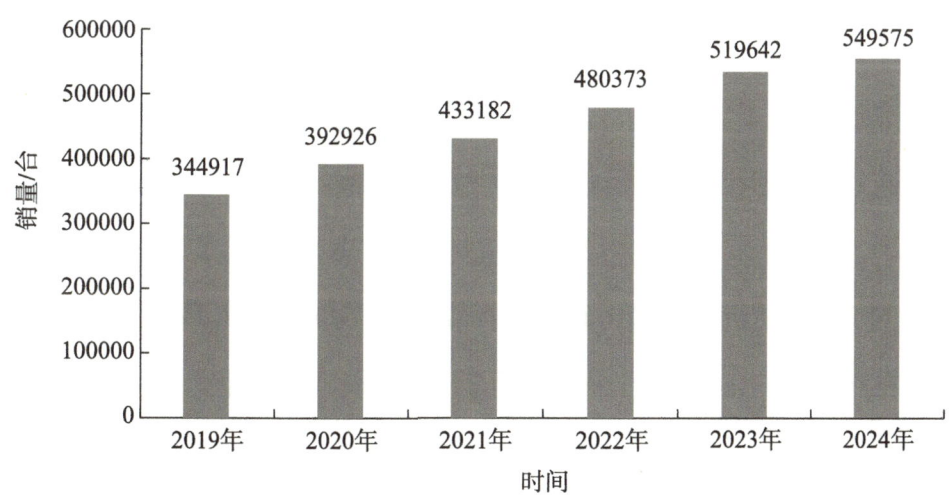

图4　2019—2024年日本ENE-FARM累计销量

数据来源：日本天然气协会、日本先进热电联供和能源利用中心除了氢燃料电池汽车和ENE-FARM以外，日本企业也在积极探索氢能源在航空、铁路、燃烧发电等其他领域的应用。在航空领域，日本启动了总预算达5万亿日元的"下一代氢动力飞机"计划，旨在利用日本在氢能技术和核心材料方面的优势，开发氢动力飞机，目标是在2035年实现商业化应用。其中，川崎重工主导开发氢燃烧室、储氢罐及机身设计，目前已完成小型航空发动机氢燃烧实验，计划2029年进行完整系统测试；石川岛播磨重工将开发全球最大功率的4兆瓦液氢燃料电池电堆推进系统，为40座级飞机提供动力，设计航程达926千米。在铁路领域，日本最大的铁路运营商东日本铁路公司联合日立和丰田正在积极推进氢燃料电池列车Hybari的研发与示范试验，预计2030年投入商业运营。Hybari最高时速100千米，无须架设电缆，维护成本低，几乎不排放二氧化碳，具有显著的环保优势。在燃烧发电领域，日本通过掺氢和纯氢燃烧发电技术示范，推动氢发电的商业化应用。川崎重工于2023年在神户港岛建成全球首个商业化运行的兆瓦级纯氢燃气轮机分布式能源站，实现100%纯氢燃烧发电和供热，每小时减排二氧化碳1.15吨，综合能源效率与天然气相当；三菱重工于2023年在荷兰成功完成全球首次30%掺氢燃气轮机发电试验，目标是实现100%纯氢燃烧发电；此外，日本政府和企业正在推广氢氨混合燃烧发电技术，以减少火力发电的碳排放，如日本JERA电力公司计划在2030年前实现20%掺氨燃烧发电。

二、中日氢能产业对标分析 ❶

（一）政策体系对比：日本主推清洁能源应用，中国聚焦能源安全保障

根据日本总务省2024年数据，日本总人口约为1.24亿人，人口持续负增长，老龄化率超过30%，名义GDP约为609万亿日元，能源消费总量约为5.8亿吨标准煤。在日本能源消费结构中，化石能源占比约为83.4%，可再生能源占比约为8.6%，氢能占比约为0.2%。为加速氢能产业发展，日本从国家能源战略层面制定了氢能发展目标，拟通过发展氢能实现全社会的深度脱碳，构建清洁、可持续的"氢能社会"。此外，日本通过资金投入，大力推进氢能基础设施建设，包括制氢工厂、储氢设施和加氢站网络等，氢能研发投入占能源整体研发投入比例从2018年的6%增长至2024年的14%，累计投入超过5000亿日元。近年来，日本政府通过不断修订目标，保证政策的延续性。2017年，日本发布了全球首个国家层面的《氢能基本战略》，涵盖了从氢能生产到应用的综合性政策以及2030年氢能发展的行动计划。2020年12月，日本出台了《绿色增长战略》，并于2021年6月修订为《2050碳中和绿色增长战略》，明确了氢能的定位为"实

---

❶ 本部分数据主要来源于日本经济产业省、日本能源经济研究所、日本氢能战略协会、国家统计局、国家能源局、国际能源署、中国氢能联盟、中国电器工业协会、行业统计等。

现碳中和的关键技术"，将 2030 年和 2050 年的氢气供应量目标分别提高到 300 万吨和 2000 万吨（含氨），同时致力于降低供应成本，预计到 2030 年和 2050 年，日本氢的供应成本将分别降至约 330 日元/千克和 220 日元/千克。2023 年 6 月，日本修订实施 5 年多的《氢能基本战略》，强调重点发展基于碳捕集和电解水技术的低碳氢，并大幅提升氢气供给量目标，提出"氢能产业战略"，将氨作为氢的载体进行大规模利用，同时更加注重海外氢源市场。2023 年底，日本政府宣布计划在未来 15 年内投入约 15 万亿日元，通过财政补贴和税收优惠等方式，重点支持绿氢和蓝氢生产。其核心目标是借助技术创新，将制氢成本降至当前的 1/3，以增强日本企业在氢能领域与欧美同行的竞争力。2024 年 5 月，日本议会通过《氢能社会促进法案》，为低碳氢的本地生产和进口提供为期 15 年的补贴，进一步完善了政策支持体系。

1980 年，日本政府与民间通力合作，共同投资设立新能源产业技术综合开发机构（NEDO），以应对当时的石油危机并开发新能源技术。自 2005 年起，NEDO 开始负责引导氢能产业发展，从技术、产业、预算管理等角度进行战略制定和执行，通过研发与示范项目推动能源与环境相关技术的成果转化，成为政府与研究机构和企业的桥梁。近年来，NEDO 的关注重点由提升氢制取和氢燃料电池系统效率，转向全面构建氢能供应链，致力于通过发展关键技术打造低成本、高效、稳定的氢能供给网络。NEDO 与相关企业、研发机构的

二、中日氢能产业对标分析

合作方式主要分为外包式和补助式两种模式。外包式与一般性的商业行为一致，NEDO 负责提供资金支持并监督项目进展，将特定研发项目或技术任务委托给外部企业或研究机构，由受托方负责具体实施。补助式主要通过国家机关设置的各类补助金实现，旨在支持企业或机构开展研发活动，其申请方式、补助额度、考核方式因补助金类别不同而有所差异，但整体都是申请—审核制度。除 NEDO 外，日本还通过成立氢能行业团体，积极整合行业资源以推动氢能产业发展。2018 年初，为加速加氢站的建设和运营，日本政府牵头组织车企、能源和基础设施建设企业、金融企业等多方合作，合资成立了 Japan H_2 Mobility（简称 JHyM）这一经营实体。JHyM 在前 5 年主要聚焦提升加氢站密度并向欠发达地区拓展，未来计划在氢燃料电池商用车需求集中的区域增设加氢站。JHyM 不仅与日本燃料电池商业化组织等机构开展合作，还积极参与法规修订和设备标准制定，以推动行业规范化发展。总体而言，日本氢能研发与应用起步较早，已构建"战略—政策—资金"三轮驱动体系，在政府政策引导下，企业与研究机构积极响应，持续加大研发投入，加速氢能技术突破与应用推广，通过政产学研紧密合作，共同促进氢能产业蓬勃发展。

截至 2024 年底，我国总人口约为 14.1 亿人，GDP 约为 134.91 万亿元，能源消费总量约为 59.6 亿吨标准煤。在能源消费结构中，化石能源占比约为 81.6%，可再生能源占比约为 9.4%，氢能占比约为 0.1%。2024 年，国内氢能研发投入占能源整体研发比例约为 11%，较 2020 年的 6% 有较大提升。与日本相比，我国氢能在民用领域起步较晚，但始终以服务国家能源转型与安全保障为核心目标。2016 年，国务院《"十三五"国家战略性新兴产业发展规划》首次将氢能与燃料电池技术列为战略性新兴产业，强调加强燃料电池汽车研发和示范应用。2019 年，氢能被首次写入国务院《政府工作报告》，明确推动加氢设施建设。2021 年，《中华人民共和国国民经济和社会发展第十四个五年规划和 2035 年远景目标纲要》将氢能列为"未来产业"，要求前瞻布局氢能全产业链技术创新。2022 年 1 月，中共中央政治局在第三十六次集体学习中强调了实现"碳达峰碳中和"目标的重要性，首次提出加快发展氢能等新能源。随后，中国正式发布《氢能产业发展中长期规划（2021—2035 年）》，明确了氢能是未来国家能源体系的重要组成部分，是用能终端实现绿色低碳转型的重要载体，是战略性新兴产业和未来产业重点发展方向。2024 年 11 月 8 日，《中华人民共和国能源法》将氢能正式纳入法律体系，指出要积极有序推进氢能开发利用，促进氢能产业高质量发展。除国家政策外，地方政府也相继推出政策，鼓励促进区域氢能产业和技术发展，形成"中央统筹—地方创新"的立体化政策网络。截至 2024 年底，全国累计发布省级以下氢能政策约 1050 项，覆盖氢燃料电池汽车补贴、加氢站建设、氢能技术研发、产业集群培育以及示范城市群建设等多个环节。各地根据自身的资源禀赋和产业特点，积极探索氢能在交通、储能、工业等领域的多元化应用场景，促进氢能产业链上下游的协同发展，加快氢能产业生态的完善。此外，地方政府也积极与科研机构、高校及企业合作，共同推动氢能技术的创新和成果转化，持续提升氢能产业的竞争力和可持续发展能力。

2018年2月，由国家能源集团牵头，联合19家大型骨干企业、高校科研院所和金融机构共同发起，中国氢能源及燃料电池产业创新战略联盟（简称中国氢能联盟）正式成立。中国氢能联盟旨在通过多方合作推动中国氢能及燃料电池产业创新发展，促进氢能全产业链技术突破和商业化应用，助力国家能源转型和碳中和目标。成立以来，中国氢能联盟通过发布《中国氢能源及燃料电池产业白皮书》、牵头制定技术标准（如 GB/T 40045—2021《氢能汽车用燃料液氢》）、推动示范项目落地（如"氢能走廊"建设）等举措，构建了氢能产业顶层设计框架。

综上所述，我国氢能政策经历了从初期探索、体系构建到加速落地的三个阶段，已基本形成"战略规划—法律保障—地方试点—产业协同"的闭环逻辑。通过强化风光资源与氢能耦合、完善市场激励机制、深化国际技术合作，我国将持续提升在全球氢能产业中的地位，为"双碳"目标实现提供核心支撑。

（二）市场规模对比：日本绿氢规模化供应遇瓶颈，中国绿氢产能扩张优势明显

日本绿氢供应面临的根本性挑战源于其资源禀赋不足与产业链技术短板。截至2024年底，日本氢气总产量约为5万吨，主要依赖天然气重整制氢［结合二氧化碳捕集、利用与封存（CCUS）技术］和进口氢气，绿氢占比极低。从资源角度看，日本国土面积小、山地占比高，大型风光电站建设空间有限，2024年可再生能源发电占比仅约为12%，远低于绿氢规模化需求。尽管日本政府提出2030年氢气供应量为300万吨的目标，但实际进展缓慢。从技术角度看，日本电解槽等核心设备国产化率不足30%，电解效率为60%～65%，较中国头部企业存在明显差距，导致日本本土电解水制氢成本高达1150～1750日元/千克。此外，近几年日本企业投资保守，进一步削弱了产业竞争力。在应用方面，截至2024年底，日本氢燃料电池汽车累计投放量不足1万辆，仅占全球总量的9%，且加氢站利用率低，这在一定程度上抑制了日本企业研发绿氢制取技术的积极性。因此，日本高度依赖进口氢源，规划从澳大利亚、东南亚及中东等地进口液氢或氨载体绿氢。然而，目前液氢运输成本超过700日元/千克，占终端成本50%以上，海外供氢成本仍然较高。尽管日本政府大力推动氢能发展，绿氢供应仍面临巨大挑战。绿氢市场整体陷入"规划超前—落地滞后"的困境，高昂的生产与运输成本、有限的可再生能源资源以及不完善的基础设施是制约

二、中日氢能产业对标分析

日本绿氢产业发展的主要因素。

中国绿氢产业凭借丰富的风光资源、强大的政策支持与全产业链自主可控等优势，实现了跨越式发展。截至2024年底，全国氢气年产量约3650万吨，累计规划绿氢项目713个。在已披露规模信息的466个项目中，电解槽装机规模合计超过143吉瓦[1]，规划绿氢产能达852.67万吨/年（按年运行时间3000小时折算，部分含远期规划量），已建成规模约10.88万吨/年。从资源角度看，我国西北地区风光资源富集，绿氢生产成本可低至14~22元/千克。从技术角度看，我国在制氢设备领域已实现显著突破，碱性电解槽系统效率突破75%，达到国际先进水平；通过规模化生产与产业链协同，质子交换膜制备设备国产化率超80%，推动成本较进口设备下降近40%。借助中央与地方形成的"规划—补贴—标准"政策体系，我国"风光氢储一体化"项目加速落地，绿氢生产已进入规模化商用阶段。截至2024年底，我国建成加氢站442座，氢燃料电池车保有量约2.8万辆，全球占比约25%。尽管面临成本、技术和基础设施等方面的挑战，但随着政策支持力度的加大和技术不断进步，凭借"资源—技术—市场"三重优势，中国绿氢产能有望在2026年突破50万吨/年，加速从生产大国向技术标准输出强国跃升，为全球碳中和贡献"中国方案"。

---

[1] 据势银统计，466个绿氢项目披露规模信息，制氢规模合计超143吉瓦。

（三）国际合作对比：日本着力技术标准海外输出，中国侧重产业生态链完整构建

日本正以"技术绑定—标准输出"为核心策略，通过突破本土资源与市场空间约束，加速氢能技术全球布局。为保障氢源供应安全，日本企业推行"技术捆绑资源"的合作模式，与氢能资源丰富的国家建立战略联盟。ENEOS 已与马来西亚国家石油公司、澳大利亚 Fortescue Future Industries 集团及阿联酋国家石油公司签订协议，要求合作方采用日系技术，共同打造零碳氢供应链。此外，ENEOS 还投资了美国绿氢公司 MVCE Gulf Coast，双方计划在墨西哥湾利用电解槽专利技术生产氢气。日本通过加入国际氢能组织，推动全球氢能技术、标准、专利与贸易合作，成功抢占技术高地。目前，日本已建立覆盖 70 兆帕高压储氢瓶、车载供氢系统及液氢储运设备的全场景标准体系，多项氢燃料电池车领域的核心标准被国际组织采用。借此，日本企业以"标准换准入"模式拓展海外市场，形成了"专利许可—设备出口—标准收费"的闭环模式。例如，丰田与宝马合作研发新一代燃料电池系统，与中国一汽集团共建北京燃料电池联合研究院，与美国 PACCAR 集团（旗下 Kenworth 品牌）开展氢能重卡商业化验证项目等。2024 年，日本通过政企协同和国际组织渗透，氢能技术出口额同比激增 65%。日本的目标是 2030 年海外收入达 2 万亿日元，以"技术护城河"对冲本土市场规模短板，重塑全球氢能产业链主导权。

中国正以"央企主导—全链闭环"模式加速推进自主可控的氢能产业生态建设。截至 2024 年底，中国石化、国家电投等 13 家央企在绿氢领域规划产能规模超 30 吉瓦，覆盖"制储运用"全产业链环节。上游聚焦规模化绿氢制备技术突破；中游攻克 70 兆帕高压储氢瓶、高储氢密度固态镁基材料等"卡脖子"技术；下游推动氢燃料电池汽车规模化量产及氢能机车商业化应用。2024 年 8 月，国务院国有资产监督管理委员会牵头组建中央企业绿色氢能制储运创新联合体，联合中国石化、国家能源集团等 80 余家单位，重点攻关绿氢低成本制备（目标成本低于 15 元/千克）、液氢储运（-253℃工程化）、掺氢燃烧发电等关键技术，并推进"风光氢储一体化"示范项目建设。通过央地联动、跨领域协同，中国氢能产业链已基本形成"技术研发—装备制造—场景应用—标准制定与输出"的完整闭环。我国 2024 年绿氢综合成本较 2021 年下降超 50%，有效加速产业化进程并完善规模化应用生态，为全球氢能市场发展提供了重要实践参考。

（四）技术发展对比：日本先发优势受空间制约，中国规模红利待技术突破

日本在氢能领域展现出深厚的技术积累，已构建覆盖燃料电池全产业链的核心竞争力，从电堆、系统集成到质子交换膜、碳纸等关键材料均处于全球领先地位。尽管其氢燃料电池汽车和 ENE-FARM 已实现商业化应用，但受限于本土市场规模小及能源对外依存度高的天然短板，日本难以在本土完成大规模制氢技术验证。为此，日本企业正通过全球化布局突破发展瓶颈。例如，三菱重工联合挪威能源巨头 Equinor 公司推进"蓝氢—氨储运"项目，计划在挪威建设全球最大蓝氢基地，年产 12 万吨氢气（天然气重整+碳捕集），并将其转化为液态氨 [储氢密度 17.6%(质量分数)] 运往日本；ENEOS 则与马来西亚国家石油公司合作开发 Direct MCH® 储氢技术，计划到 2027 年形成年产 5 万吨氢气的生产能力。日本企业通过整合欧洲的碳封存资源和东南亚的市场，输出核心装备与先进技术，不仅验证了规模化制储运技术，实现了氢能跨国贸易，还抢占了氨能贸易规则的话语权。这些战略布局凸显了日本在技术标准输出和全球氢能网络构建中的先发优势。

中国依托全球最大的可再生能源装机规模，氢能产业正迎来爆发式增长。绿电制氢领域已形成碱水电解槽与质子交换膜（PEM）电解槽双线突破格局，高压气态储氢技术也达到国际先进水平。然而，关键材料国产化仍面临攻坚挑战，成为制约我国氢能产业进一步发展的瓶颈。以碱性电解水用的聚苯硫醚隔膜为例，日本东丽凭借其先进技术和长期积累的市场优势，牢牢占据着市场领先地位。为规避原材料市场垄断困境、提高碱性电解水抗波动性能力，我国新一代复合隔膜虽然奋起直追，但是目前仍处于商业化验证阶段，尚未在市场中形成强大的竞争力。自 2023 年起，中科氢易、刻沃刻科技、碳能科技等复合隔膜企业相继获得了多轮千万元级

二、中日氢能产业对标分析

或单轮亿元级别的投融资，为复合隔膜的研发和市场推广提供了有力资金支持，极大地推动了我国复合隔膜技术的进步与产业化进程。在 PEM 市场方面，当前海外龙头企业仍占据主导地位。在燃料电池用 PEM 领域，戈尔公司 2024 年占据国内 70% 的市场份额；而国产 PEM 的市场占有率从 2020 年的 7.5% 提升至 2024 年的 20%，其中东岳的市场份额达到了 9%。在制氢用 PEM 领域，科慕（杜邦）2024 年占据国内市场的 55%；而国产膜 2024 年市占率为 40%，其中东岳、科润等企业已开始实现国产化替代，二者市场占有率分别约为 20% 和 13%。尽管 PEM 市场竞争激烈，但国产化替代率的不断提升也激励着国内企业不断加大研发投入，提升产品质量与性能。这种"技术短板—市场红利—资本助推"的特殊生态，正驱动中国企业通过高强度研发投入，实现关键材料自主可控，为全球最大氢能应用市场储备核心技术竞争力。

三、主要认识和启示

（一）应用场景拓展：多维度推动氢能战略迭代升级

构建氢能战略体系需以多元化应用场景为突破口，突破单一领域局限，实现氢能全产业链价值释放。日本虽在氢能专利储备和技术标准输出领域领先，却因本土氢气成本高、加氢站覆盖率低等问题陷入商业化困境，为此其修订后的国家氢能战略强调"多源供氢—场景创新"双轮驱动。通过灰氢、蓝氢、绿氢协同开发降低综合用氢成本，依托现有工业体系推动氨燃料发电、氢还原炼钢等场景商业化落地，以存量设施嫁接氢能技术实现渐进式突破。反观中国，依托全球最大的可再生能源装机与终端应用市场，已形成"基础场景突破—衍生场景延伸—前沿场景储备"的立体化发展格局。在交通领域完成氢燃料电池汽车商业化验证的基础上，中国正加速氢基能源形态创新。绿色醇氨燃料驱动的远洋航运、煤电掺氨燃烧的电力调峰等新兴场景正在快速崛起。特别是绿氢制绿氨技术在电力调峰、化工脱碳等领域的应用取得突破，既拓展了氢能产业链价值网络，又为钢铁、化工等高耗能行业提供了深度脱碳解决方案。这种以氢基能源为纽带、跨领域协同创新的发展模式，正在重构能源系统的边界，为氢能战略的实施提供了多维支撑。

（二）产学研协同：构建创新联合体突破关键技术瓶颈

氢能技术突破需要政产学研深度融合的生态系统支撑。日本通过 NEDO 创新平台构建"政产学研协同攻关联合体"的模式，极具启示意义。该机构以国家战略为导向，组织丰田、东芝等龙头企业联合京都大学等科研机构，在燃料电池催化剂、液氢储运等核心领域开展集中攻关，实施专利池共享机制。仅 2023 年，这一模式就推动高压储氢容器成本下降 18%，验证了协同创新对关键技术降本的放大效应。相较而言，我国氢能产业正面临高端材料领域国产化率不足 40%、绿氢平准化成本高达 35 元/千克、储运环节损耗率超 15% 等多重问题，其根源在于基础研究、工程转化与商业应用之间的割裂。破局之道在于构建"需求牵引—技术攻关—产业验证"的全链条协同机制。例如，北京科技大学与宝武集团合作开发低成本碱性电解水制氢催化电极，解决规模化制氢的效率与寿命问题，使电解槽直流能耗较行业平均水平降低 10% 以上；四川大学与成都达信成共建联合实验室，研发出全球首套日产 500 千克氢气的液态金属催化裂解装置，制氢成本低于 12 元/千克，可实现天然气制氢零碳排放。这些实践表明，通过政府搭建产业技术研究院等新型载体，并建立知识产权交叉许可、收益分成等激励机制，能够有效贯通实验室创新要素与产业化工程能力。特别是在固态储氢材料、光解水制氢等前沿领域，亟须通过产学研深度融合建立风险共担的"揭榜挂帅"机制，加速技术突破与产业化进程，从而在氢能技术革命中形成中国特色的创新路径。

（三）顶层设计优化：强化引导产业高质量发展路径

氢能作为横跨能源、化工、材料等多领域的战略要素，其产业化进程亟待科学规划与生态协同的顶层设计。日本通过"战略聚焦—生态分工"的发展范式，构建了政府主导、企业协同的产业秩序。日本经济产业省统筹制定国家氢能路线图，引导东丽等百年企业锚定材料端核心竞争力，在燃料电池膜、碳纤维等细分领域构筑全球技术壁垒。东丽"深耕材料—克制扩张"的战略定力既保障了产业链协同效率，又创造了膜电极领域80%的全球市场份额。相较之下，我国氢能产业虽呈现全产业链布局态势，却陷入"横向扩张过热、纵向突破不足"的困境。例如，电解槽膜电极进口依存度超60%；氢燃料电池企业中70%扎堆于电堆集成，导致同质化竞争加剧；部分区域每百千米布局3座加氢站的资源错配现象。针对当前发展乱象，需构建"国家战略—企业分工—区域协同"的三级规划体系：一是在战略层面实施差异化技术路线图，明确发展重点、技术路线和区域布局，避免重复建设和资源浪费；二是在企业层面强化生态位意识，以清除产业发展障碍和技术壁垒为目标，引导央企聚焦核心装备突破，民营企业专攻材料等细分组件开发，避免盲目追求全产业链布局；三是在区域层面建立"绿氢东送—场景分级"的立体化布局，依托西北风光资源规模化开发千万吨级绿氢生产基地，在长三角培育氢能船舶等高端装备制造集群，于京津冀构筑氢能热电联供与多能互补示范城市群。通过系统化的路径规划，将氢能的多维价值转化为高质量发展的现实动能。

（四）能源体系协同：推进氢能与油气系统融合构建新型体系

推动氢能与油气产业深度耦合是加速能源体系结构优化的关键战略，其核心是以绿氢生产与碳循环管理为双引擎，发挥油气行业成熟的产业链优势，构建跨领域协同的新型能源系统。在油气行业上游，利用油气田丰富的风光绿电资源规模化制氢，既能破解可再生能源消纳难题，又能借助绿氢与油气开采伴生的二氧化碳经催化反应合成甲烷、甲醇等低碳燃料，而合成甲烷时释放的热量亦可回收用于稠油热采，实现能源的高效综合利用。在油气行业中游，通过在天然气管网实施掺氢输送（掺氢比例达 20% 时，氢储运成本可降低 60%），不仅能有效破解氢储运技术难题，还可降低对外部气源的依赖度；利用现有天然气及成品油管道，也可以输运合成的甲烷与甲醇。在油气行业下游，绿氢可以替代炼化生产过程使用的灰氢，炼厂富余的副产氢可用于在起步阶段培育氢能储存、运输、应用的产业链；合成的甲醇可以作为化工原料生产多种产品；合成的甲烷也可以助力传统加油站升级为"电—氢—气"多能耦合的综合能源站，依托甲烷裂解技术，将合成的甲烷在站内裂解制氢，通过终端销售，所产氢气可用于移动式燃料电池系统给电动车供电，缓解固定式充电桩缺口，也可用于分布式供能系统降低碳排放强度。通过"全链条协同、多场景复用"，氢能在能源转型中的潜力将得到充分释放。基于以上思路，应鼓励油气企业参与氢能产业链，制定统一的氢气质量标准和安全规范，确保融合发展的安全性和经济性；鼓励油气企业投资制氢设备、储运设施和加氢站等基础设施，并盘活存量资产；优先在油气资源丰富的地区开展氢能与油气融合示范项目，积累经验并逐步推广至全国，推动油气企业从碳基燃料供应商向零碳能源服务商转型。